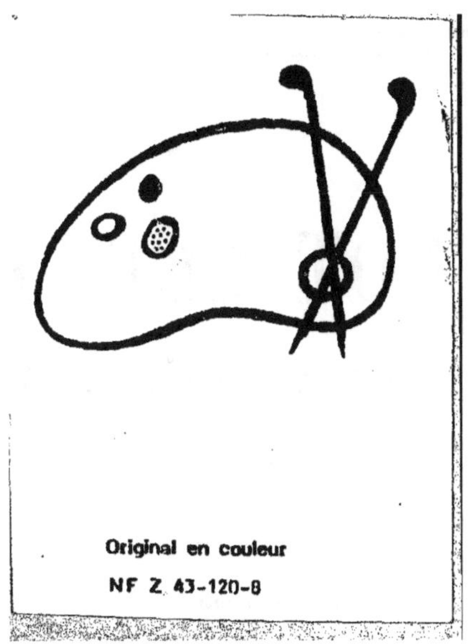

Original en couleur

NF Z 43-120-8

LE
DÉPOT LÉGAL

ET NOS COLLECTIONS NATIONALES

PAR

M. GEORGES PICOT

MEMBRE DE L'INSTITUT

<hr>

PARIS

ALPHONSE PICARD, ÉDITEUR

LIBRAIRE DES ARCHIVES NATIONALES ET DE LA SOCIÉTÉ
DE L'ÉCOLE DES CHARTES,
rue Bonaparte, 82.

1883

LE DÉPOT LÉGAL.

—

EXTRAIT DU COMPTE-RENDU

De l'Académie des sciences morales et politiques

(INSTITUT DE FRANCE)

PAR M. CH. VERGÉ,

Sous la direction de M. le Secrétaire perpétuel de l'Académie.

—

LE
DÉPOT LÉGAL

ET NOS COLLECTIONS NATIONALES

PAR

M. GEORGES PICOT

MEMBRE DE L'INSTITUT

PARIS

ALPHONSE PICARD, ÉDITEUR

LIBRAIRE DES ARCHIVES NATIONALES ET DE LA SOCIÉTÉ
DE L'ÉCOLE DES CHARTES,
rue Bonaparte, 82.

1883

Ce mémoire, communiqué à l'Académie des sciences morales et politiques, en novembre 1882, a été lu devant l'Institut, dans la séance trimestrielle du 3 janvier 1883.

LE

DÉPOT LÉGAL

ET NOS COLLECTIONS NATIONALES.

§ 1ᵉʳ

Je demande à l'Académie la permission d'appeler quelques instants son attention sur une loi dont le fonctionnement importe à tous ceux qui poursuivent des recherches et sans laquelle nos collections nationales seraient privées de ce qui constitue leur richesse. Je veux parler du dépôt légal, qui oblige tout imprimeur à remettre à l'État deux exemplaires de toute feuille sortant de ses presses.

Il nous semble inutile ici de remonter aux origines (1). Dès

(1) Nous ne pouvons résister au désir de publier en note les lettres patentes de François 1ᵉʳ que nous croyons inédites et que nous avons transcrites d'après le texte de la Bibliothèque Nationale.

« François 1ᵉʳ par la grâce de Dieu, roy de France, à tous ceux qui ces présentes lettres verront, Salut. Comme depuis notre avenement à la couronne, nous ayons singulièrement sur toutes autres choses désiré la restauration des bonnes lettres qui par long intervalle de tems ont été absentées ou bien la connoissance d'icelles si empeschée et couverte de ténèbres d'ignorence qu'elle ne se pouvoit avoir ne recouvrer pour l'édification, nourriture et contentement des bons et sains esprits qui, par ce moyen sont durant ce tems demeurés inutiles, abatardis et éloignés

François Ier, la librairie du château de Blois eut le droit de
recevoir tout ce qui paraissait. Plus tard, lorsque les privi-
léges de publication furent accordés par lettres royales,
n'était-il pas tout naturel qu'en échange de cette faveur les
collections publiques reçussent un certain nombre d'exem-

de leur bonne et naturelle inclination prennent vice pour vertu ; mais
grâce à Notre Seigneur, nous avons tant fait et si bien et soigneuse-
ment travaillé que la pristine force, lumière et clarté des bonnes lettres
a été en son entier restituée et réduite en nostre dit royaume lequel se
peut aujourd'huy dire sur tous les autres et de quelque règne qu'ils ayent
été, le plus décoré et florissant en toutes les sciences et vertueuses dis-
ciplines, dont nouveaux livres et monuments sont chacun jour mis et
rédigés par écrit, les anciens illustrés, lesquelles œuvres étant vues après
nous seront véritable preuve de cette tant digne et louable restitution
des lettres, avenue de notre tems par les diligences, cure et labeur que
y avons mis et y mettons.

Pour quoy et à ce que nos successeurs Roys de France en sentent et
preignent le fruit, profit et utilité si bon leur semble, ou bien que, à
cette occasion, ils soient induits et persuadés d'entretenir et de conti-
nuer durant leur règne la nourriture des bonnes lettres et les professeurs
d'icelles, nous avons délibéré de faire retirer, mettre et assembler en
notre librairie toutes les œuvres dignes d'être vues qui ont été ou seront
faites, compilées, amplifiées, corrigées et amendées de notre tems pour
avoir recours auxdits livres si de fortune, ils étoient cy après perdus de
la mémoire des hommes ou aucunement immués ou variés de leur vraye
et première publication.

A ces causes et autres bonnes et justes considérations à ce nous mou-
vans, avons de notre pleine puissance et autorité royale, très-expressé-
ment défendu à tous imprimeurs et libraires des villes, universités, lieux
et endroits de notre royaume et pays de notre obéissance que nul d'entre
eux ne soit ni osé, ni hardy de mettre et exposer en vente en notre
royaume, soit en public, ne en secret, ni envoyer ailleurs pour ce faire
aucun livre nouvellement imprimé par deça soit en langue latine,

plaires? Au xviiiᵉ siècle, huit exemplaires étaient remis entre les mains du chancelier et si plus d'un s'égaraient en
route, il en arrivait au moins deux à la bibliothèque du roi.
Mais qui ne sait combien de livres précieux étaient répandus
sans recourir à la protection du privilége qu'il fallait acheter
au prix de la censure? Tout ce qui était publié en Hollande,

grecque, hébraïque, arabique, chaldée, italienne, espagnole, françoise,
allemande ou autres, soit de ancien ou moderne auteur de nouveau imprimé en quelque caractère que ce soit, illustré de annotations, correc-
tions ou autres choses prouffitables à voir en grand ou petit volume,
que *premièrement il n'ait baillé un desdits livres, volumes ou cahiers de
quelque science ou profession qu'il soit èsmains de notre amé et féal con-
seiller et aumônier ordinaire,* l'abbé Melin de Saint Gelais, ayant la charge
et garde de notre dite librairie étant en notre château de Bloys ou autre
personnage qui par cy après pourra avoir en son lieu lesdites charge
et garde ou de son commis et député qu'il aura pour cet effet en cha-
cune des bonnes villes et universités de notre royaume, dont et de la
délivrance duquel livre, ledit libraire ou imprimeur sera tenu prendre
certification dudit garde ou de son commis pour justifier quand et où
besoin sera, le tout sur peine de confiscation de tous et chacun des livres
et d'amende arbitraire à nous appliquée.

*... La seconde partie des lettres s'applique aux ouvrages imprimés hors
du royaume lesquels ne pourront être introduits et mis en vente sans « certification du garde, afin d'éviter les méchantes erreurs. »*

Montpellier, 28 décembre 1537.

En note: Ces dispositions n'ont point été exécutées exactement, ce qu,
fait que les anciennes et premières éditions, principalement des livres
de droit, sont presqu'aussy rares que les manuscrits de la Bibliothèque
du Roy. (Fonds Français, 22,076, fº 1).

août 1617..... avons ordonné qu'à l'avenir ne sera octroyé à quelque
personne que ce soit aucun privilége pour faire imprimer ou exposer en

tout ce qui était censé venir d'Amsterdam échappait à la bibliothèque. En France même, des livres publiés dans les conditions les plus régulières n'ont pas été conservés et il est vraisemblable qu'ils ne sont jamais entrés à la bibliothèque du roi. La première édition de l'*Introduction à la vie dévote* n'y figure pas. Rien ne prouve que le cabinet du roi ait jamais possédé un ouvrage de Corneille qui est aujourd'hui perdu : la traduction de *la Thébaïde* de Stace a été faite par notre grand poète tragique, les exemplaires imprimés circulaient entre les mains des contemporains ; Ménage en a cité quelques vers en indiquant le numéro de la page et aujourd'hui nul n'en peut indiquer un exemplaire.

Les lacunes qu'on signale pour des auteurs tels que saint François de Sales et Corneille sont probablement innom-

vente aucun livre, sinon à la charge d'en mettre gratuitement deux exemplaires en notre bibliothèque publique.

Et ne commenceront lesdits marchands libraires, ni autres personnes à jouir du privilège que du jour que lesdits deux exemplaires auront été par eux fournis à notre dite bibliothèque dont ils prendront attestation du garde d'icelle.

17 mai 1672..... Arrêt rendu en Conseil d'Etat confirmant l'obligation du dépôt prescrite en 1617.

Dans tout le cours des XVII⁰ et XVIII⁰ siècles, les sentences du Châtelet, les arrêts du Parlement ou du Conseil ne cessent de sévir contre les libraires qui n'exécutent pas le dépôt ; saisies, amendes, confiscation sont prononcées, le libraire est tenu de déposer à nouveau tout ce qu'il a publié depuis vingt ans à peine de confiscation générale. (Voir à ce sujet les nombreux textes donnés dans le *Code de la librairie* de Paris, Paris, 1744, in-12.)

brables. Sous l'ancien régime, il se formait donc une collection très-riche, mais non une collection complète des livres français.

Ce fut en s'occupant de constituer la propriété littéraire et sur le rapport de Lakanal que la Convention prescrivit le dépôt à la Bibliothèque de deux exemplaires de tout ouvrage imprimé ou gravé. Le législateur poursuivait à la fois deux buts : Il voulait constituer la propriété littéraire et assurer nos collections nationales. De même que l'ancienne monarchie avait lié le dépôt au privilège royal, il imagina de subordonner l'action en contrefaçon à la preuve que le dépôt ordonné par la loi avait été fait.

La loi du 19 juillet 1793 ne faisait naître la propriété littéraire et les actions qui en dérivent contre le contrefacteur que du jour où la publication était entrée à la Bibliothèque. Malheureusement cette sanction n'assurait pas la remise de l'ouvrage au moment où il paraissait. L'auteur qui n'avait pas déposé était non recevable à intenter une poursuite ; mais il lui était loisible de n'effectuer le dépôt que le jour où il formerait sa demande, où il entamerait la poursuite : il n'y avait ni date prévue, ni délai fatal. Pendant toute la durée de la propriété littéraire, le dépôt pouvait être ajourné, puis il suffisait pour obéir à la loi, qu'un reçu du dépôt légal daté de la veille fût joint à la demande formée, vingt ans, trente ans après l'impression, lorsqu'une contrefaçon apparaissait.

Un autre danger se manifesta en 1810. La librairie fut assujettie à des mesures de police. Le dépôt légal de la loi de 1793 fut transféré à la préfecture de chaque département. Un exemplaire sur cinq était destiné, il est vrai, à la bibliothèque impériale, mais la surveillance politique prit le pas sur toute autre considération.

A dater de cette époque, la pensée d'enrichir nos collections, par une remise régulière des ouvrages fut troublée et comme obscurcie par deux idées tout à fait étrangères : déjà on l'avait liée à la conservation de la propriété littéraire ; la police de la librairie devait être un bien plus redoutable voisinage.

Voulez-vous éprouver à quel point la notion du dépôt légal est confuse? Interrogez sur l'origine et le but de cette obligation un jurisconsulte, un préfet. Le premier vous parlera des fins de non-recevoir opposables par le contrefacteur, l'autre de la nécessité de surveiller les brochures politiques. Demandez ensuite à un imprimeur pourquoi il dépose les feuilles sorties de ses presses, il vous parlera de la sévérité des lois de presse, de la suspicion du parquet, des tracasseries de la police. A l'entendre, il semblerait que l'imprimerie est traitée en suspecte, qu'elle est l'objet de mesquines recherches, qu'elle a le droit de se soustraire à la persécution, qu'elle défend, en un mot, la liberté de la presse, en s'efforçant de ne pas déposer, et qu'elle a le droit de chercher à passer à travers les fissures d'une législation incohérente et oppressive.

De cette confusion des principes, de cet oubli du but qu'il s'agit de poursuivre, est venu tout le désordre. Depuis près d'un siècle, les collections nationales sont victimes de nos luttes politiques. Il est temps que le mal soit connu.

A toute époque, les ministres de l'instruction publique se sont faits les organes des plaintes de la Bibliothèque nationale dressant et leur envoyant périodiquement la liste des ouvrages qu'elle n'avait pas reçus.

En 1842, M. Villemain adressait à son collègue de l'intérieur les plus pressantes réclamations. Il lui demandait si les ouvrages les plus inoffensifs, si tel ouvrage d'histoire naturelle, un traité d'archéologie ou les œuvres de Platon, étaient par hasard retenus pour l'examen de M. le Procureur du roi.

M. Naudet multipliait ses doléances ; dans de longs rapports il exposait le désordre du dépôt, décrivait l'état des réceptions, évaluait les reliures coûteuses que la découverte de lacunes dans les exemplaires avait fait briser et sollicitait un prompt remède. (30 novembre 1842). Tantôt l'administrateur de la bibliothèque signalait des exemplaires tachés et composés de feuilles de rebut, tantôt, las de décrire les imperfections, il apportait au ministre un ouvrage considérable que l'imprimeur avait déposé en papier gris d'épreuve (4 juin 1844.)

A chaque réclamation, le ministère de l'intérieur répondait par un effort de courte durée suivi de longues négligences. Il devenait évident que l'organisation même du dépôt légal était vicieuse. Le ministère de l'intérieur ne pouvait admettre que son rôle se bornât à une simple transmission. Des deux exemplaires déposés à la charge d'en envoyer un à la Bibliothèque et l'autre au ministre de l'instruction publique, il en était au moins un que le ministre de l'intérieur remettait toujours de mauvaise grâce. Selon le caprice du titulaire de ce département, si changeant en 1848, tantôt les publications relatives aux arts, tantôt les ouvrages sur la Révolution étaient retenus pour former une bibliothèque dont le projet s'évanouissait à l'arrivée d'un nouveau ministre.

En 1850, le ministre de l'instruction publique voulut mettre fin à ce désordre. C'était alors notre confrère M. de Parieu. Il eut le double honneur de prendre à ce sujet une sage mesure et de découvrir le remède; il chargea une commission d'étudier les moyens d'assurer le service du dépôt légal, et il mit à la tête l'esprit le mieux fait pour s'indigner des abus. Pendant plusieurs mois, sous la présidence de M. de Rémusat, la commission s'enquit exactement de ce qui se passait, parvint par son inspection même à introduire plus d'ordre dans le service et reconnut qu'une loi devait atteindre l'éditeur et non plus l'imprimeur pour mieux assurer la formation de nos collections nationales. Mais le ministère de l'intérieur, préoccupé de la police de la librairie, ne se prêtait pas à cette réforme; il la suivait d'un regard jaloux. Il revendiqua le projet de loi rédigé par la commission, mais s'abstint de le présenter à l'Assemblée législative. Veut-on savoir la cause de ce mauvais vouloir? Voici comment le ministre de l'intérieur jugeait, peu de mois plus tard, la question qui nous occupe.

« Le dépôt légal, écrivait-il, le 8 avril 1851, à son collègue de l'instruction publique, a été de tout temps et est avant tout une institution qui se rapporte à la sureté générale. Accessoirement, il est vrai, des ordonnances ont voulu que les produits du dépôt légal fussent, par l'intermédiaire ministériel, répartis entre divers dépôts publics ; mais c'est là un résultat tout secondaire, accidentel en quelque sorte. »

En méconnaissant audacieusement le but de la loi, les bureaux de la librairie refusaient en réalité de l'exécuter. Ce fut bien pis, lorsque par le contrecoup des événements politiques le service de la librairie fut transporté au ministère de la police. — Entre l'instruction publique poursuivant paisiblement les moyens d'enrichir nos collections publiques et le ministre chargé de la police générale, l'entente était malaisée. Il arrivait que sur cent articles réclamés par la Bibliothèque, les recherches faisaient revenir cinq ouvrages. Tout ce qui tenait à la politique était retenu aux bureaux de la police et par conséquent exclu de la Bibliothèque. En province, le défaut d'ordre était bien plus grave : l'administrateur de la Bibliothèque imagina de dresser l'inventaire des envois par département et il constata qu'en deux ans la préfecture des Bouches-du-Rhône n'avait envoyé à Paris que vingt ouvrages. Si cela se passait ainsi à Marseille et à Aix, que devait-il en être dans d'autres départements ? Aussi en plus d'une préfecture, une année s'écoulait-elle sans envoi. Aux plaintes de la Bibliothèque répondaient les récriminations des inspecteurs de la librairie qui taxaient d'importunité ses justes doléances.

A part le court ministère de M. Delangle en 1859 et la direction en 1869 de M. Juillerat, la lutte ne cessa pas entre
M. Taschereau et les bureaux de l'intérieur. On nous assure
que l'administration actuelle met du zèle à faire droit aux
réclamations de la Bibliothèque. Ce bon vouloir ne sert
qu'à démontrer les lacunes de la loi. Il est évident qu'il
serait injuste de s'en prendre aux hommes. C'est l'institution elle-même qui est défectueuse.

Avant de chercher le remède, essayons donc de fixer avec
quelque exactitude l'état présent du dépôt légal.

§ 3

La législation du dépôt est tout entière dans les art. 3 et
4 de la loi du 30 juillet 1881, qui a mis fin pour un temps à la
confusion devenue inextricable de nos lois de presse. « Au
« moment de la publication de tout imprimé, dit l'art. 3, il
« en sera fait, par l'imprimeur, sous peine d'une amende de
« 16 fr. à 300 fr., un dépôt de deux exemplaires destiné aux
« collections nationales. » L'art. 4 ajoute : « Les dispositions
« qui précèdent sont applicables à tous les genres d'impri-
« més ou de reproductions destinés à être publiés. Toute-
« fois le dépôt sera de trois exemplaires pour les estampes,
« la musique et en général les reproductions autres que les
« imprimés. »

Cette nouvelle législation a un mérite, celui de mettre
fin aux équivoques, d'atteindre, en comblant les lacunes, un

grand nombre de publications qui échappaient autrefois à l'action de la loi. Ainsi les journaux, la musique, les photographies, les cartes géographiques en plusieurs cas ne parvenaient pas au dépôt légal et leurs imprimeurs se croyaient affranchis de toute obligation. Désormais, il n'y a plus d'exception, le texte est général, il est absolu. Le moment est donc venu de juger, sous l'empire de la législation nouvelle, comment fonctionne l'institution du dépôt légal.

Si on ne s'attache qu'au nombre total des ouvrages qui entrent chaque année à la Bibliothèque, on peut se récrier sur la richesse croissante de notre grande collection. Environ vingt-neuf mille volumes ou opuscules en 1878, vingt-cinq en 1879, vingt en 1880, et 100,000 journaux par an sont des chiffres qui effrayent et on est tenté de se plaindre de l'encombrement bien plus que des lacunes.

Mais ne nous arrêtons pas à la quantité et examinons la qualité du dépôt effectué. Quand l'imprimeur a déposé deux exemplaires de ce qui est sorti de ses presses, il a strictement accompli l'obligation légale. La loi ne s'occupe pas du livre, ne parle pas de l'ouvrage tel qu'il est mis en vente, mais de l'imprimé. L'imprimeur, au moment où il envoie au brocheur les feuilles tirées, peut donc faire porter au ministère de l'intérieur ou à la préfecture, deux séries de feuilles détachées sans que, la loi à la main, l'autorité puisse le forcer à une autre forme de dépôt. En fait, c'est ce qui arrive en plus d'un cas. Ce n'est pas l'imprimeur qui est coupable : en mettant le dépôt à sa charge, la loi a manqué son but : elle n'a pas atteint le livre, mais seulement un des éléments qui servent à le former et à l'heure où ils ne sont pas encore réunis pour constituer l'ouvrage complet. De cette erreur de la loi viennent tous les désordres.

Le dépôt du livre en feuilles avant qu'elles soient brochées n'est pas le plus grave inconvénient. Il s'est introduit récemment dans la librairie divers procédés dont il faut tenir compte.

L'auteur ou l'éditeur fait tirer en deux villes différentes les feuilles d'un même ouvrage, soit pour réduire le prix de la main-d'œuvre, soit afin d'établir un contrôle du nombre des exemplaires ; le dépôt légal se fait alors par fractions : la sous-préfecture de Meaux recevra vingt feuilles d'un livre, et celle de Nogent-le-Rotrou en recevra cinq destinées à compléter le même ouvrage. Il est facile d'imaginer ce que deviennent dans les bureaux ces fragments qui semblent autant de feuilles incomplètes et sans valeur. Qu'on veuille bien remarquer que le titre courant placé, quand il existe, au haut des pages ne suffit pas à les rattacher entre elles, que rien n'indique le nom de l'auteur, et que si elles sont séparées un instant de la note qu'un employé attentif a dû rédiger en recevant le dépôt, elles sont à jamais égarées.

Ce qui se passe pour les feuilles d'un ouvrage se produit plus souvent encore pour les titres. Les papiers de couleur usités pour les couvertures forment la spécialité de certaines imprimeries. Avec la couverture s'impriment la page de garde et le faux titre. L'imprimeur dépose dans le dé-

partement où il est établi, un grand nombre de couvertures, de gardes et de titres que la préfecture envoie par
ballots au ministre de l'intérieur d'où ils parviennent à la
bibliothèque. De son côté, arrive par une route différente
le livre imprimé dans un autre département sans autre
mention que « chapitre premier » à la première page. A
l'aide de quelles vérifications, après quelles recherches,
peut-on rapprocher ces fragments épars? Ce n'est là une
question ni de temps ni d'attention. Les moyens manquent
et les fragments de volumes risquent de tomber au rebut,
parce que la loi a soumis à l'obligation du dépôt le fabricant de la feuille, et non le fabricant du livre, l'imprimeur et non l'éditeur.

De cette erreur du législateur découlent bien d'autres
conséquences. Pour être complet, un ouvrage d'art ou de
science n'est pas seulement composé de feuilles imprimées :
à côté du texte que l'imprimeur dépose, il y a des gravures,
des cartes qui forment souvent la partie la plus précieuse
du livre.

Or, lorsque les planches sont déposées seules par le graveur,
les bureaux de la librairie les joignent aux gravures, aux cartes géographiques, et elles vont à la Bibliothèque se ranger
trop souvent au cabinet des estampes ou dans la collection
des cartes où elles sont classées indépendamment du texte.
Comment éviter ce désordre? L'imprimeur et le graveur ont
accompli chacun séparément l'obligation légale. Alors même
qu'ils préviendraient l'administration préfectorale ou les
bureaux du ministère de l'intérieur, peut-on supposer que

leur déclaration permettrait de retrouver toujours les planches à point et de les joindre à l'exemplaire ? Le livre arrive donc incomplet, c'est-à-dire hors de service.

Dernièrement un ouvrage d'un grand prix parvint à la Bibliothèque sans figures. Dépourvu des planches, auxquelles se référait le texte, il était inintelligible. Après de vaines recherches au cabinet des estampes, on se rend chez l'éditeur: on lui montre les volumes. Il refuse de les compléter, et soutient que les gravures échappaient au dépôt légal. Il était dans son droit, ayant fait graver les planches à Boston d'où elles étaient venues à Paris chez le brocheur qui les avait réunies à l'ouvrage. Dans un livre français, toute partie imprimée à l'étranger, n'entre donc pas au dépôt légal.

Il en est de même pour les planches coloriées. L'imprimeur, graveur ou lithographe, a accompli l'obligation à laquelle il est tenu en déposant les figures en noir: pourquoi aller au-delà de ce que prescrit la loi ? et donner à l'État plus que le texte ne l'exige ? Vis-à-vis du ministère, ne doit-on pas agir comme vis-à-vis du percepteur ? Est-ce voler que de tromper le fisc ? d'ailleurs ici on ne trompe personne : on se contente d'exécuter servilement la loi. Il en résulte les conséquences les plus inattendues: croirait-on qu'un ouvrage sur les pavillons maritines dont tout l'intérêt est dans les couleurs du drapeau est déposé en noir ? Il y a plus. Le traité des couleurs de l'illustre doyen de l'Institut est arrivé à la bibliothèque sans que les couleurs eussent donné aux planches leur vie et leur sens !

Le cabinet des estampes qui est encombré de planches
qui devraient appartenir aux imprimés ne reçoit pas plus
régulièrement ce qui lui est dû. Les imprimeurs qui tirent
les plus précieuses gravures lui adressent des exemplaires
de rebut, des feuilles tachées d'huile ou maculées d'encre
dont ne voudrait pas le plus vulgaire acheteur. Si les ar-
tistes ne mettaient leur amour-propre à envoyer eux mê-
mes, dans l'intérêt de l'art et de leur nom, un exemplaire
de leurs œuvres à celui de nos confrères qui est chargé de
la garde de nos collections nationales, le cabinet des estampes verrait s'accumuler des collections indignes de l'art. Il
faut à tout instant veiller à ce que le dépôt ne soit pas une
source d'erreurs. Les reproductions de vitraux formant
une des plus belles publications sur l'histoire de l'art,
déposées en noir, ont dû être mises en couleur à la main
par les soins de la Bibliothèque qui a fait copier à ses frais
un des exemplaires mis dans le commerce.

A côté des négligences, il y a des omissions volontaires.
On cite des imprimeurs qui se refusent à opérer le dépôt. (1)
Tout récemment la Bibliothèque nationale vient de déployer
les plus grands efforts pour faire entrer dans ses collections l'édition des œuvres complètes d'un des membres ac-
tuels de l'Académie française. Elle n'a pu obtenir le premier volume que sur papier d'épreuves, tandis que l'édition
entière a été tirée sur papier de Hollande.

(1) Il faut mettre en regard de ce tableau des violations de la loi, la
conduite de certains éditeurs qui essayent à leurs frais de porter remède
à ce désordre. La maison Hachette dépose spontanément à la Bibliothèque un exemplaire de toutes ses publications.

Comment réprimer de si coupables fraudes alors que l'Etat lui-même n'observe pas la loi du dépôt légal? Au ministère de l'intérieur se publie une collection précieuse, l'analyse quotidienne de la presse de Paris, des départements et de l'étranger. Autographiée avec soin, elle constitue la table unique de cet amas de journaux qui fera le désespoir des historiens de l'avenir. Ce travail considérable n'est pas déposé. Il en est de même de tout document imprimé par l'imprimerie nationale (1) lorsque le ministre réclame le secret. Ainsi échappent des publications d'un grand intérêt pour l'histoire.

A quoi bon multiplier ces exemples? Le fait est certain. Le dépôt légal alimente nos collections publiques d'une manière incomplète ; l'institution fonctionne mal.

§ 4

Comment réparer ce désordre? N'y a-t-il pas une sanction de la loi. L'imprimeur qui ne dépose pas n'est-il point passible d'une amende de 16 à 300 francs? Que les tribunaux de répression assimilent le dépôt mal fait à l'omission de tout dépôt, et il semble que tous les abus seront réprimés.

Malheureusement, la sanction pénale est en réalité illu-

(1) Autrefois l'Imprimerie Nationale ne se soumettait pas au dépôt légal. C'est ainsi que des documents uniques ont péri dans l'incendie du conseil d'Etat et de la Cour des comptes. Depuis treize ans, tout ce qui n'est pas considéré comme secret est déposé.

soire. La poursuite des contraventions en matière de presse
se prescrit par trois mois. Or l'omission de dépôt est un fait
que la vigilance de l'administration de la Bibliothèque, quelque attentive qu'elle soit, ne permet pas toujours de découvrir ; le plus souvent le hasard ou la demande d'un lecteur révèle les lacunes et il est toujours trop tard pour
agir. Les préfets n'envoient au ministère de l'intérieur les
livres déposés qu'à de longs intervalles, lorsque le nombre permet d'en former un ballot. Le plus souvent, les ouvrages arrivent après l'accomplissement de la prescription.

Il est vrai que les livres déposés à Paris parviennent plus
tôt ? Mais la vérification de l'état des exemplaires, la réclamation transmise au ministère de l'intérieur, absorbent
plusieurs semaines, et lorsque la direction de la librairie
fait connaître à l'imprimeur que l'exemplaire déposé est
incomplet, le délai est expiré, l'imprimeur peut refuser
d'agir. En même temps que la sanction s'est évanouie,
l'imprimeur, il faut le reconnaître, a perdu tout moyen de
réparer son omission. Le voulut-il, il ne pourrait remettre
au ministère un nouvel exemplaire. L'édition entière est
sortie de ses ateliers pour être portée chez le libraire.
C'est là qu'elle est désormais déposée. En fait, c'est l'éditeur
que la Bibliothèque, privée de toute arme légale, va trouver,
c'est à lui qu'elle demande un acte de complaisance.

Ceci découvre le vice de la loi. Rien n'aura été fait tant
qu'un droit vis-à-vis de l'éditeur n'aura pas été donné au
représentant de nos collections nationales.

Pour une œuvre de surveillance politique, l'obligation

devait peser sur celui qui imprime. Au sortir de la presse, le papier qui venait en se couvrant d'encre, de revêtir la pensée de l'auteur devait sans retard être mis sous les yeux de l'autorité. L'urgence de la répression dominait tout et devait régler la matière.

Tout autre est l'intérêt de nos bibliothèques publiques. Le lecteur, le savant a besoin de consulter le livre que ses ressources ne lui permettent pas d'acheter. L'État, en instituant des collections ouvertes à tous les érudits, entend mettre à leur portée les ouvrages qui sont dans le commerce, sous leur forme la plus parfaite. Qu'importe un délai de quelques jours ou de quelques semaines ? Ce qui est nécessaire, c'est que le livre soit en aussi bon état que l'acheteur pourrait l'obtenir. S'il y a une édition de luxe, s'il existe des exemplaires de choix avec des planches plus parfaites, tirées sur meilleur papier, comprenant des additions plus étendues, c'est un volume de ce type que l'État doit fournir aux lecteurs de sa bibliothèque.

Où se trouvent ces exemplaires achevés ? chez celui qui seul possède le livre orné de ce que les procédés les plus perfectionnés de l'industrie au service de l'art ajoutent de valeur à l'impression, chez l'éditeur et non chez l'imprimeur.

L'unique réforme à accomplir serait donc de demander un seul exemplaire à l'imprimeur, comme contrôle, et de faire peser l'obligation du dépôt sur l'éditeur désormais tenu de fournir à l'État deux exemplaires dans les meilleures conditions.

Tout livre, toute gravure, toute publication portant un

nom d'éditeur français serait de la sorte assujetti au dépôt.
Ainsi disparaîtrait un singulier abus qui consiste à faire tirer à l'étranger des épreuves d'une planche ou d'un cliché
pour éviter le dépôt des exemplaires. Certains éditeurs de
Paris sont parvenus de la sorte à soustraire leurs plus belles
planches à nos collections. Il est bon qu'un tel subterfuge
soit ainsi déjoué.

En même temps, les extraits des Revues, les Mémoires dé-
tachés, ce que l'on nomme en librairie les tirages à part (1)
seraient assujettis au dépôt. Si aucun nom d'éditeur n'était
inscrit sur le livre, l'auteur serait responsable du dépôt.
Si l'ouvrage sans nom d'éditeur était anonyme, l'imprimeur
serait tenu de déposer trois exemplaires.

La sanction pénale serait modifiée : l'amende consisterait
non en une somme arbitrairement fixée, mais elle représen-
terait la valeur de trois exemplaires que le ministère de
l'instruction publique achèterait aux dépens de l'éditeur,
et cette obligation serait prescrite par une année.

A ces réformes s'ajouterait par une suite naturelle la publication plus complète de la *Bibliographie de la France*
qui est actuellement la reproduction du dépôt légal e qui
présente l'image de ses lacunes (2).

(1) Sur six ouvrages d'un des plus savants correspondants de l'Institut, M. Tamizey de Larroque, publiés comme tirage à part en 1881,
avec nom d'éditeur, un seul est parvenu par le dépôt légal à la Bibliothèque nationale.

(2) Un abus commence à s'introduire. Certains éditeurs ne mention-
nent la date de la publication ni sur la couverture, ni sur le faux-titre.
Une loi sur le dépôt pourrait prescrire la mention de l'année et du mois
du dépôt sur la page de garde.

Dans d'autres pays, la formation des collections publiques a donné lieu à des difficultés du même genre. J'interrogeais, il y a quelques mois à Londres, un des chefs du British-Museum : « Les libraires anglais, me dit-il, sont tenus de nous envoyer les livres qu'ils publient, sous certaines sanctions pénales. A Londres, le commerce de la librairie est concentré en un petit nombre de mains; les choses se passent assez régulièrement. Dans le reste de l'Angleterre et dans nos colonies, le service fonctionne mal et il nous faut adresser de fréquentes réclamations. Ah ! notre service du dépôt ne vaut pas le vôtre ! En France, vous avez une admirable centralisation qui rend tout facile : vos préfets, vos sous-préfets sont, dans les moindres villes, les pourvoyeurs éclairés, minutieux et vigilants de la Bibliothèque. »

Je respectai les illusions de mon interlocuteur; j'avais mieux à faire que d'étaler nos misères ; je voulais connaître le système adopté en Angleterre. Evidemment le dépôt légal ne se bornait pas à un seul exemplaire, remis au British-Museum. En effet, l'éditeur doit cinq exemplaires, mais tandis qu'il est obligé d'en remettre un à la Bibliothèque centrale de Londres, les quatre autres dus aux collections d'Oxford, de Cambridge, d'Édimbourg et de Dublin doivent être réclamés dans un certain délai au nom de ces bibliothèques, qui ne s'accroissent pas spontanément, mais en proportion des besoins de leurs lecteurs et de la vigilance de ceux qui en ont la garde.

Si la loi du dépôt légal était soumise à une révision, il faudrait s'inspirer de cet exemple (non pour laisser à cer-

taines, bibliothèques la faculté de réclamer un ouvrage, ce
que notre goût d'une règle fixe ne tolèrerait pas,) mais pour
constituer des collections spéciales et complètes. Déjà, on
est entré dans cette voie. A l'Arsenal, s'accumulent les collections de journaux. A la Bibliothèque des Archives, on
envoie les documents imprimés par les Chambres et les mi-
nistères; au ministère de l'instruction publique, on forme
une collection pédagogique; les matières ecclésiastiques
sont rassemblées à la direction des cultes; la législation
étrangère, au ministère de la justice; à la bibliothèque
Sainte-Geneviève, le droit; à la bibliothèque de l'Univer-
sité, les sciences; à l'École des Beaux-Arts, les publications
artistiques; à la Mazarine, les publications des Sociétés sa-
vantes de Paris et des départements.

Cette répartition est fort sage. Plus s'augmente le nombre
des publications et plus est indispensable cette division qui
facilite le travail et assure les recherches.

Au lieu de deux exemplaires des livres, l'État devrait en
exiger trois, comme il le fait pour les estampes, la musique
et toutes les reproductions autres que les imprimés.

Quel est l'auteur qui ne se prêterait pas à ce léger sacri-
fice en vue de la conservation de ses œuvres dans un grand
établissement national? Quel serait l'écrivain assez peu
soucieux de son nom pour hésiter à faire arriver sa pensée à la postérité sous la forme la plus propre à en garan-
tir la durée? Armé de ces trois exemplaires, le ministère
de l'instruction publique, tuteur naturel des bibliothèques,
assurerait la distribution des exemplaires et pourrait

enrichir les collections trop oubliées des départements.

Ainsi se formeraient parallèlement et suivant un plan méthodique trois séries de collections : les bibliothèques locales, les bibliothèques spéciales et à Paris, la bibliothèque générale et universelle dans laquelle aucun livre, aucune science ne ferait défaut. Ces trois collections se soutiendraient et se compléteraient l'une par l'autre. L'expérience a démontré qu'il était chimérique de chercher à scinder la bibliothèque nationale. Dans la science, tous les champs d'étude se touchent : on ne peut les diviser sans rencontrer et atteindre quelque travailleur qui trace son sillon sur les limites idéales qui séparent les domaines. Il faut qu'il y ait un lieu où l'esprit humain sous toutes ses formes puisse recourir à l'expérience des siècles écoulés. C'est l'honneur de notre temps que toutes les intelligences s'appliquent à l'envi dans l'ordre des lettres à rechercher les traditions et à les sauver de l'oubli. Qui de vous n'a contribué à cette œuvre de salut ? Qui de vous dans le passé n'a entrevu des sources fécondes où il cherchait en vain à puiser ? Il faut que notre vigilance prépare pour nos successeurs des collections plus étendues et plus sûres. Considéré sous cet aspect, le problème mérite la plus haute attention des historiens : nul ne peut nier qu'il ne soit urgent d'organiser le dépôt légal sur des bases plus larges, de le soumettre à des règles plus précises, et de lui donner pour unique fondement l'intérêt de la science. Espérons pour l'honneur des lettres que cette nécessité sera comprise.

Orléans — Imp. Paul Colas.